Streicheleinheiten

…was ich dir immer mal sagen wollte!

1. Auflage: Juni 2014

Herstellung und Verlag:
BoD – Books on Demand, Norderstedt

ISBN: 978-3-7357-3989-6

Inhaltsverzeichnis

Seite 1	Informationen über das Buch
Seite 2	Inhaltsverzeichnis
Seite 4	Vorwort
Seite 5	Schutzengel
	Gott schütze
Seite 6	Geschwisterliebe
	Bleib beständig
Seite 7	Lieblingsmensch
	Freundschaft
Seite 8	Für einen Freund
	HDGDL
Seite 9	Gute Genesung
	Nur Du
Seite 10	50 Jahre
	Ich will … nicht (Er)
Seite 11	Bedingungslos
	Du, mein Schatz, ich liebe Dich
Seite 12	Bleib so, wie Du bist
	Hab Dich lieb
Seite 13	Einfach mal so
	Ich will … nicht (Sie)
Seite 14	Alltagshelden
	Buchstäblich Freund
Seite 15	Du bist
	Elternliebe
Seite 16	Geheimnis
	Geliebtes Kind
Seite 17	Meine Mama
	Mutterherz
Seite 18	Menschen gibt's
	Oma
Seite 19	Sonnen-Telegramm
	Tief in mir
Seite 20	Verzeih, Mutter
	Vielen Dank für all die Jahre

Seite 21	1000 Dank
Seite 22	Lass sie doch
Seite 23	Ohne Dich wär' alles Mist
Seite 24	Beste Freundin
Seite 25	Schön, dass es Dich gibt
Seite 26	Der größte Fang
Seite 27	Ich liebe Dich
Seite 28	Gute Besserung
Seite 29	Wie ein richtiger Vater ....
Seite 30	DU BIST WICHTIG !!!
Seite 31	Hey Du, lass Dich nicht verbiegen
Seite 32	Zwei Engel auf Erden
Seite 33	Ein bester Freund
Seite 34	Freundschaft bedeutet
Seite 35	Für Dich
Seite 36	Vielen Dank
Seite 37	All das bist Du für mich
Seite 38	Ferne Freundschaft
Seite 39	Ohne Dich
Seite 40	Ein Engel auf Erden
Seite 41	Für die Zukunft
Seite 42	Ich wünsch mir (Die Liebes-Version)
Seite 43	Hab Dich ganz lieb
Seite 44	Seelenclown
Seite 45	Freundschaftskündigung
Seite 46	Ohne Dich wär' alles arm
Seite 47	Ich kauf mir einen Freund
Seite 48	Liebe bedeutet
Seite 49	Mein Engelchen
Seite 50	Mit Dir
Seite 51	Reinrassig
Seite 52	Liebesbrief
Seite 53	Liebe ist ...
Seite 54	Ohne Dich wär' alles doof
Seite 55	Danke sagen
Seite 56	Für alles "danke"
Seite 57	Dear ...
Seite 58	Ein letzter Gruß
Seite 59	Nachwort
Seite 60	Impressum

Vorwort

Wie oft fehlen uns Menschen in bestimmten Situationen die richtigen Worte, um unseren Mitmenschen mitzuteilen, was sie uns bedeuten? Dieses Buch soll dazu beitragen, dass Ihnen dies in Zukunft ein wenig leichter fällt.
Viel Spaß beim Lesen und (hoffentlich) Weitergeben dieser wunderschönen Freundschafts- und Liebesgedichte wünscht Ihnen der Autor Norbert van Tiggelen

Schutzengel

Ich schick Dir einen Engel,
der Dich stets bewacht,
der mit Dir ein Tränchen weint,
aber auch mal lacht.

Ich schick Dir einen Engel,
der sich um Dich sorgt,
der Dir, wenn Du ratlos bist,
gern sein Ohr mal borgt.

Ich schick Dir einen Engel,
der Dich innig liebt,
der mit seinem Flügelschlag
Dir wieder Hoffnung gibt.

©Norbert van Tiggelen

Gott schütze

Ein lieber Mensch, der fragte mich,
was ich mir wünsch am heut'gen Tag.
Die Antwort kam sehr schnell von mir
und es verging kein Wimpernschlag.

Ich sprach: Mein Freund, ich brauche nichts,
hab alles, wie Du siehst.
Ich wünsche mir, dass Gott gibt Acht
auf den, der das jetzt liest.

©Norbert van Tiggelen

Geschwisterliebe

Auch an grauen, schlechten Tagen
für den andren da zu sein,
ihm mit ganzer Herzensgüte
schenken Freud und Sonnenschein.

Rückendeckung stets zu geben
und ein offnes Ohr zudem,
immer klare Worte sprechen -
so behebt man manch Problem.

Sind die Zeiten auch mal schwierig
und der Sand knirscht im Getriebe,
trotzdem sich zusammenraufen -
das nennt man Geschwisterliebe.

©Norbert van Tiggelen

Bleib beständig

Manche mögen Dich deswegen
weil Du so bist, wie Du bist.
Geradeaus und unparteiisch,
ehrlich ohne Hinterlist.

Doch es wird auch Seelen geben,
die Dich hassen wie die Pest.
Sie tun dieses, weil - ganz einfach -
Du Dich nicht verbiegen lässt.

© Norbert van Tiggelen

Lieblingsmensch

Deine Nähe ist mir wertvoll,
Dir kann ich auch blind vertrau'n.
Mit Dir würde ich sogar noch
Koks aus Satans Hölle klau'n!

Hast mich voll auf Deiner Seite,
mit Dir macht das Leben Spaß.
Durch Dich überwand ich Tiefen -
Frust und Kummer ich vergaß.

Du bist jemand, den ich gern hab,
nicht ein müder Taugenichts.
Du bist mittlerweile einer -
wie der Titel dies' Gedichts.

© Norbert van Tiggelen

Freundschaft

Die Freundschaft ist ein langer Pfad,
den man gemeinsam geht;
es kann durchaus ein Leben sein,
wenn man sich gut versteht.

Freundschaft heißt, den Weg zu gehen,
nicht nur an hellen Tagen -
man muss auch durch manch dunkle Zeit,
wenn Schatten überragen.

© Norbert van Tiggelen

Für einen Freund

Für einen Freund, wie Du es bist,
der frei von List und Tücke ist,
für den die Wahrheit alles zählt,
der mich zu seinem Freund auswählt.

Für einen Freund, der fühlt wie Du,
für den die Lügen sind tabu,
der mir sein Ohr bei Sorgen schenkt
und über mich nichts Schlechtes denkt.

Für einen Freund, der mit mir geht,
nicht ständig seine Meinung dreht,
mit klaren Augen im Gesicht,
dem schenke ich dieses Gedicht.

© Norbert van Tiggelen

HDGDL

Völlig egal,
was auch geschieht,
Du bleibst mein größtes
Interessengebiet.
Du bleibst ganz sicher
mein hellster Stern;
selbst wenn Du murrst -
ich hab Dich gern!

© Norbert van Tiggelen

Gute Genesung

Mann, ich hörte, Dir geht's schlecht,
ist mir überhaupt nicht recht;
seitdem denk' ich oft an Dich,
denn ich sorg' mich fürchterlich.

Im Leben gibt es manchmal Zeiten,
die Dir bringen Schwierigkeiten;
bald schon geht's Dir wieder gut,
verliere jetzt bloß nicht den Mut,

Du wirst seh'n, in ein paar Tagen
sind sie fort, die üblen Plagen.
Raus ist dann der Krankheits-Feind
und in Dir die Sonne scheint.

©Norbert van Tiggelen

Nur Du

Du bist tagtäglich
der Sinn meines Lebens.
Ohne Dich wäre
mein Dasein vergebens.
Du bist für immer
mein taufrischer Trieb;
auch wenn du mäkelst -
ich hab Dich ganz lieb!

© Norbert van Tiggelen

50 Jahre

Fünfzig Jahre - lange Zeit,
meistens Freude, selten Leid.
War der Weg auch manchmal schwer,
brauchte man sich umso mehr.

Fünfzig Jahre Hand in Hand
man sich treu zur Seite stand.
Ging durch Dünn und auch durch Dick,
mit viel Liebe und Geschick.

Fünfzig Jahre sich vertrauen,
wissend auf den andren bauen.
Und mit Gott als Wegbegleiter
geht es lange noch so weiter.

©Norbert van Tiggelen

Ich will… nicht.

Ich will der sein, den Du liebst,
der, den Du nach vorne schiebst,
der, dem Du Vertrauen schenkst
und von dem Du Gutes denkst.

Ich will nicht Dein Alptraum sein,
oder gar ein Klotz am Bein.
Jemand, der die Wahrheit spricht -
mehr im Grunde will ich nicht.

©Norbert van Tiggelen

Bedingungslos

Du bist eine echte Freundin,
darauf bin ich mächtig stolz.
Wir sind beide ein Kaliber
und aus richtig gutem Holz.

Jeder hat sein eignes Leben,
in dem viel zu meistern ist:
Schwierigkeiten auszumerzen,
man sich leider oft vermisst.

Doch wenn's einem von uns mies geht,
dann gibt es nur ein Gebot:
Alles steh'n und liegen lassen -
sich flugs helfen aus der Not!

© Norbert van Tiggelen

Als ich gerade
so sinnierte,
traf mich ungeahnt
ein Stich.
Hab ich Dir heut'
schon geschrieben
"Du, mein Schatz,
ich liebe Dich"?

©Norbert van Tiggelen

Bleib so, wie Du bist.

Ganz egal, wie Du auch aussiehst -
ob dick, ob dünn, ob groß, ob klein:
Wesentlich ist nicht der Körper,
wichtig ist, das Herz allein.

Will man Dich auch noch verbiegen,
was natürlich Unrecht ist,
stehe treu zu Deinem Ego,
sei ganz einfach, der Du bist.

Grade die, die an Dir zerren,
haben oftmals keinen Stil,
spotten darum über andre,
sie zu kränken, ist ihr Ziel.

©Norbert van Tiggelen

Hab dich lieb

Anstatt Blumen, die verwelken,
Naschereien oder Schmuck,
pausenlosen Liebesschwüren -
geb' ich Dir 'nen sanften Ruck:

Du, mein Schatz, bist für mich alles,
ganz bestimmt mein größtes Los;
will mit Dir noch viele Jahre
lieben, lachen - atemlos.

© Norbert van Tiggelen

Einfach mal so

Einfach mal so möcht' ich Dir sagen,
konnt' mich mit Dir niemals beklagen.
Warst immer ehrlich und ebenso treu,
auf jede Stunde mit Dir ich mich freu.

Einfach mal so sollst Du jetzt wissen,
ganz ohne Dich würd' ich was vermissen.
Ich mag Deine Nähe, bei Dir bin ich gern,
Dich zu enttäuschen, das liegt mir fern.

Einfach mal so will ich Dich preisen,
Du bist im Feuer mein heißestes Eisen.
Dass wir ein Team sind, macht mich ganz froh,
drum sag ich jetzt Danke...einfach mal so.

© Norbert van Tiggelen

Ich will... nicht.

Ich will die sein, die Du liebst,
die, die Du nach vorne schiebst,
die, der Du Vertrauen schenkst
und von der Du Gutes denkst.

Ich will nicht Dein Alptraum sein,
oder gar ein Klotz am Bein.
Jene, die die Wahrheit spricht -
mehr im Grunde will ich nicht.

©Norbert van Tiggelen

Alltagshelden

Alltagshelden werden oftmals
von der Masse überseh'n.
Sie sind keine Prominenten,
die im hellen Lichtschein steh'n.

Sie vollbringen häufig Taten,
die nicht selbstverständlich sind,
weil sie ihren Nächsten helfen,
ihnen schenken Rückenwind.

All den starken Menschenseelen
widme ich nun dies Gedicht.
Einer aber ganz besonders -
„DU" bist dieses warme Licht.

©Norbert van Tiggelen

B uchstäblich Freund

F reundschaft bedeutet
R espekt und Vertrauen,
E ntgegenkommen
U nd Luftschlösser bauen.
N icht da sein zu müssen,
D en andren verehren,
S ich auch mal streiten,
C harmant zu belehren.
H eilsames Plaudern,
A ber auch schweigen,
F ür immer treu sein,
T ränen zu zeigen.

©Norbert van Tiggelen

Du bist…

Du bist für mich der Atem,
der mich mit Luft versorgt,
der Mensch, dem ich vertraue,
der mir sein Ohr mal borgt.

Du bist für mich die Erde,
die mich gedeihen lässt,
der Mensch, bei dem ich gern bin,
mein federweiches Nest.

Du bist für mich das Wasser,
das mich sanft umhüllt,
der Mensch, der, wenn ich traurig bin,
mein Herz mit Freude füllt.

©Norbert van Tiggelen

Elternliebe

Kind, wir können Dir nichts bieten,
oftmals fehlt das liebe Geld.
Doch Du weißt, Du bist ein Engel,
der uns selbst die Nacht erhellt.

Haben Angst, dass Du uns bös' bist
und darum Dein Herz nur sticht.
Mach Dir bitte mal Gedanken
und sieh es aus unsrer Sicht.

Glaube uns, wenn wir Dir sagen,
dass nur Geld nicht glücklich macht.
Es ist unsre Elternliebe,
die Dein Seelenkleid bewacht.

©Norbert van Tiggelen

Geheimnis

Ich will ein Geheimnis lüften,
wie Du wirst bald sehr geschätzt;
allerhöchstens nur der Neider
über Dich was Böses schwätzt.

Wie Du Menschen tief beeindruckst,
ihnen oft ein Lächeln schenkst;
wie Du sie charmant verzauberst,
sie mit Deiner Liebe lenkst.

Nun zum Schluss des Rätsels Lösung,
ehrlich, klar und ohne List:
Das Geheimnis ist sehr simpel -
bleib ganz einfach, wie Du bist!

©Norbert van Tiggelen

Geliebtes Kind

Geliebtes Kind, Du bist mein Glück,
mein allerbestes, liebstes Stück.
Ohne Dich wär vieles blöde,
farblos, leer und einfach öde.

Du verschönst mir jeden Tag,
bist mein Licht, mein Flügelschlag.
Streichst mein Leben kunterbunt,
Du und ich, wir sind ein Bund.

Bist mein Stolz, mein Fleisch und Blut,
gibt es auch mal 'nen Disput.
Drum sag ich Dir jetzt feierlich:
„Mein wertes Kind, ich liebe Dich!"

©Norbert van Tiggelen

Meine Mama

Mama - Du, ich hab Dich lieb,
mehr noch, als ich je beschrieb.
Du warst immer meine Bank,
kannten niemals Streit und Zank.

Mama - Du, ich mach mir Sorgen,
denke viel zu viel an morgen.
Bitte lass mich nicht allein,
habe Angst, für mich zu sein.

Mama - Du, ich schenk Dir Mut,
es wird alles wieder gut.
Eines noch am End' geschwind:
„Ich liebe Dich" – sagt Dir Dein Kind.

© Norbert van Tiggelen

Mutterherz

Mutterherz, so groß und warm,
an Liebe reich, an Kälte arm.
Hast Deinem Kind viel Heil gegeben,
Wohlergehen war Dein Bestreben.

Mutterherz, oft voller Kummer,
bist fürs Kind die größte Nummer.
Schlägst jeden Tag mit voller Kraft,
hast Dich oft schwer hochgerafft.

Mutterherz, bleib, wie Du bist,
Du warst niemals ein Egoist.
Ich bin so froh, dass es Dich gibt,
denn Du hast mich so warm geliebt.

© Norbert van Tiggelen

Menschen gibt's

Menschen sind nicht immer schlecht,
abgezockt und ungerecht.
Es gibt da auch ganz gewisse,
die ich manchmal sehr vermisse.

Sie sind meine Edelsteine,
ich mit ihnen lach und weine,
sind mein täglich' Sonnenschein
und im Herzen wirklich rein.

Kennen keinen Hass und Neid,
sind zu geben gern bereit,
Geiz, der ist für sie tabu
und so ein Mensch - ja, der bist Du.

© Norbert van Tiggelen

Oma

Oma - Du, ich hab Dich lieb,
mehr noch, als ich je beschrieb.
Du warst immer meine Bank,
kannten niemals Streit und Zank.

Oma - Du, ich mach mir Sorgen,
denke viel zu viel an morgen.
Bitte lass mich nicht allein,
habe Angst, für mich zu sein.

Oma - Du, ich schenk Dir Mut,
es wird alles wieder gut.
Eines noch am End' geschwind:
„Ich liebe Dich" – Dein Enkelkind.

© Norbert van Tiggelen

Sonnen- Telegramm

Heute habe ich der Sonne
mal ein Telegramm geschickt
und sie lieb darum gebeten,
dass sie sanft Dein Herz erquickt.

Ihre Strahlen sollen wärmen
Deinen Körper und Dein Herz,
soll'n mit ihrer Kraft verjagen
jeden kalten Seelenschmerz.

Ihre Klarheit wird Dir helfen,
dass Du jedes Ziel erlangst.
Heute Abend komm ich wieder,
schick den Mond - hab keine Angst.

©Norbert van Tiggelen

Tief in mir

Ich schenk' Dir einen Schlüssel,
er führt zu meinem Herzen,
wo ich sehr empfindlich bin,
dort spür ich Freud' und Schmerzen.

Mit jenem hast Du Zugang,
zu meiner Seele Ohr,
lernst mich dort so kennen,
wie kaum ein Mensch zuvor.

Halt ihn in Deinen Händen,
verlier den Schlüssel nicht,
behüte ihn wie einen Schatz,
damit mein Herz nicht sticht.

© Norbert van Tiggelen

Verzeih, Mutter!

Jetzt versteh ich all die Stunden,
die manch Mutter sich gesorgt,
wie oft sie in ihrem Leben
ihrem Kinde Wärme borgt.

Jetzt versteh ich all die Leiden,
die ihr Herz durchstanden hat,
weil das Kind in seinem Leichtsinn
vor den Mund nie nahm ein Blatt.

Jetzt spür'ich wie nie im Leben,
dass der Mutter Seelenkleid
sich oft bangte, sorgte, mühte;
etwas spät - es tut mir leid!

© Norbert van Tiggelen

Vielen Dank für all die Jahre

Vielen Dank für all die Jahre,
in denen Du warst immer treu,
ich mich schon aus tiefstem Herzen
auf die vielen nächsten freu.

Kann mich stets auf Dich verlassen,
bist mein bestes Pferd im Stall,
jede Stunde ohne Dich
ist für mich die größte Qual.

Wenn ich einen Wunsch frei hätte,
gäb's für mich nur eine Wahl:
Würde diese Zeit erleben
liebend gerne noch einmal.

©Norbert van Tiggelen

1000 Dank

1000 Dank für Deine Freundschaft,
die mir schon seit langem treu.
Du bist jemand, den ich brauche,
mich auf Dich tagtäglich freu.

1000 Dank für Deine Worte,
die mir geben ständig Kraft.
Du bist jemand, der mich aufbaut,
wenn der Alltag mich geschafft.

1000 Dank für Deine Liebe,
die mich fürsorglich umhüllt.
Du bist jemand, der zu mir steht
und mein Herz mit Wärme füllt.

1000 Dank für Deine Wahrheit,
die mir lebenswichtig ist;
und nun möchte ich Dir sagen,
dass mein Edelstein Du bist.

© Norbert van Tiggelen

Lass sie doch!

Lass sie lästern, lass sie lachen,
lass sie sich Gedanken machen,
über Dich ihr Maul zerreißen -
musst halt auf die Zähne beißen.

Diesen Leuten geht's nicht gut,
denn sie haben kaum den Mut,
so zu sein, wie Du es bist –
ehrlich, ohne Hinterlist.

Sie erliegen ihren Lügen,
müssen sich gar selbst betrügen,
haben weder Kreuz noch Stolz,
sind halt nicht aus gutem Holz.

Nicht umsonst ist ihr Gerede
über Dich, Du alter Schwede.
Du bist halt was richtig Tolles -
etwas ganz Bedeutungsvolles.

©Norbert van Tiggelen

Ohne Dich wär' alles Mist.

Ohne Dich wär' alles Mist,
wie ein Gauner ohne List,
wie ein Schuhwerk ohne Sohle
oder Bohlen ohne Kohle.

Wie ein Boxer ohne Punch,
wie ein Deckel ohne Flansch,
wie ein Raubtier ohne Beute
oder Partys ohne Bräute.

Wie ein Zipfel ohne Mütze,
und ein Armer ohne Stütze,
wie 'ne Bratwurst ohne Senf
oder Schweiz ganz ohne Genf.

Wie ein Pächter ohne Laden,
eine Nadel ohne Faden,
wie 'ne Leitung ohne Strom
oder Mopeds ohne Chrom.

Wie ein Bauer ohne Trecker,
wie ein Kabel ohne Stecker -
ganz genauso bitterlich
wäre alles ohne Dich.

©Norbert van Tiggelen

Beste Freundin

Für meine beste Freundin
ist dieser Reim gedacht -
ein Engel, der mir nahesteht
und der mich glücklich macht.

Die Bank, auf der ich ruhe,
auf die ich mich verlassen kann,
der Schild, mit dem ich kämpfte
und Schlachten schon gewann.

Das Licht am Abendhimmel,
der Sonnenstrahl am Morgen,
mein täglich' Seelentrost
bei Kummer und bei Sorgen.

Du weißt, dass ich Dich meine,
mein Stolz, mein Elixier.
Bin froh, dass ich Dich habe,
drum schenke ich ihn Dir.

©Norbert van Tiggelen

Schön, dass es Dich gibt

Du bist ein echtes Goldstück,
ein Typ, der was bewegt,
eine Seele, der man traut,
die jede Freundschaft pflegt.

Wenn es Dich nicht gäbe,
dann säh' es düster aus,
Du würdest uns sehr fehlen,
und das tagein, tagaus.

Du bist in unsrer Kette
ein Glied, das wertvoll ist,
kämpfst ständig für das Gute,
kennst keine Hinterlist.

Verbreitest immer Wärme,
ein Mensch, der Wahrheit liebt,
drum muss ich Dir jetzt sagen:
Schön, dass es Dich gibt!

©Norbert van Tiggelen

„Der größte Fang"

Mein Freund, ich muss Dir eines sagen,
mir fällt es auf seit vielen Tagen:
Wenn ich Deine Hilfe brauch,
bist Du da, das weiß ich auch.

Im Gegensatz zu andren Leuten,
die mir nicht sehr viel bedeuten,
bist Du für mich ein großer Held,
denn für Dich, da zählt kein Geld.

Du lässt Dich nicht von andren drehen,
die mich wollen nicht verstehen,
bist meinungsstark, so wie ich auch,
Du bist einer, den ich brauch.

Und irgendwann in vielen Jahren
wär es schön, mit lichten Haaren,
wenn ich zu Dir sag: „Hab Dank,
als Freund warst Du der größte Fang!"

© Norbert van Tiggelen

Ich liebe dich!

Ich liebe Dich, Du Tau des Morgens,
Dein Reif, er schmeckt wie süßer Wein,
Dein Lächeln schenkt mir Wohlbefinden,
Du lässt mich endlos glücklich sein.

Ich liebe Dich, mein Licht des Tages,
Dein Strahl trifft gnadenlos mein Herz,
Dein Blick, er schenkt mir Anerkennung,
mit Dir ertrag ich jeden Schmerz.

Ich liebe Dich, Du Mond des Abends,
Dein Schein erhellt mir stets den Pfad,
Du bist mein monotones Leben,
aber auch mein Wechselbad.

Ich liebe Dich, mein Stern der Nächte,
Dein Atem haucht mir Frohsinn zu,
Dein Duft verzaubert meine Sinne,
mein größter Schatz, ja, der bist Du!

©Norbert van Tiggelen

Gute Besserung

Im Leben gibt es auch mal Zeiten,
die manchen Kummer Dir bereiten.
Besonders schwierig wird es dann,
wenn der Körper nicht recht kann.

Egal, ob Dich der Kreislauf plagt,
ein Virus lästig an Dir nagt,
die Psyche Dich beständig quält,
oder Dir was andres fehlt.

In dieser Phase steckst du leider,
hast auch darum keine Neider,
wirst von Menschen brav liebkost,
man spendet Dir so manchen Trost.

Dieser Reim soll Dich beleben,
einen inn'ren Schub Dir geben.
Drum wünsche ich dir mit viel Schwung
eine gute Besserung!

© Norbert van Tiggelen

Wie ein richtiger Vater….

Mit Dir, da kann ich lachen,
darf auch mal launisch sein,
bist für mich wie ein Vater,
stellst mir niemals ein Bein.

Ich stell' Dir viele Fragen
von früh bis abends spät,
kennst meistens eine Antwort,
weißt fast, wie alles geht.

Geht's mir mal nicht so gut,
dann spürst Du das sofort,
mit Dir würde ich wandern,
egal, zu welchem Ort.

Drum möcht' ich Dir jetzt sagen:
„Ich tausch Dich für kein Geld.",
warst immer wirklich fair zu mir,
für mich bist Du ein Held.

(geschrieben für einen nicht leiblichen Vater)

© Norbert van Tiggelen

DU BIST WICHTIG !!!

Du lebst eher unauffällig,
öffnest selten mal ein Fass;
meinst darum, auch nichts zu zählen,
doch hör zu, ich sag Dir was:

Es gibt Menschen, die Dich lieben,
gerade weil Du bist so schlicht.
Du bist keiner, der verleumdet
und mit spitzer Zunge spricht.

Du schenkst Menschen, denen's mies geht,
gern vertraulich mal Dein Ohr.
Dir fehlts's nicht an Nächstenliebe,
und schon gar nicht an Humor.

Ganz allein nur Deine Nähe
ist so wie ein Elixier.
Darum bist Du mir so wichtig,
ohne Quatsch jetzt - glaube mir!

© Norbert van Tiggelen

Hey Du, lass Dich nicht verbiegen

Hey Du, lass Dich nicht verbiegen,
bleib ganz einfach, wie Du bist.
Du hast Klasse und Charakter,
wer dran zweifelt, neidisch ist.

Gehe Deinen Weg wie immer,
ehrlich, klar und unbeirrt.
Lass Dich nicht von denen täuschen,
deren Leben ist verwirrt.

Du wirst eines Tages sicher
der ganz große Sieger sein.
Doch bis dahin musst Du kämpfen,
und das oft auch ganz allein.

Neidern wirst Du stets begegnen,
ist gewiss bedauerlich.
Aber ich bin guter Dinge,
glaub mir eins: Ich zähl auf Dich.

© Norbert van Tiggelen

Zwei Engel auf Erden

Hallo, ihr beiden lieben Seelen,
die mir schon seit langem treu,
heute will ich euch was sagen,
habe davor keine Scheu.

Habt mir schon so oft geholfen,
als ich tief am Boden lag,
konnte mich auf euch verlassen
an so manchem dunklen Tag.

Euer Herz ist groß und gütig,
gnadenlos der Tatendrang,
für das "Immer-zu-mir-Stehen"
sage ich euch vielen Dank.

Seid für mich das Licht des Lebens,
welches mir erhellt die Spur,
Engel, die ich innig liebe,
und für mich die Freude pur.

©Norbert van Tiggelen

Ein bester Freund

Ein bester Freund belügt mich nicht,
man ihn auch nicht mit Geld besticht,
sein Herz, es ist stets klar und rein,
er trägt auch keinen Heil'genschein.

Ein bester Freund, der spricht mit mir,
er kennt kein „Ich", kennt nur das „Wir"
mit ihm geh' ich durch dünn und dick,
stets Hand in Hand mit klarem Blick.

Ein bester Freund, der warnt mich auch,
ist da, wenn seinen Rat ich brauch,
er muss mir auch die Meinung sagen,
an guten wie an schlechten Tagen.

Ein bester Freund nimmt meine Hand,
ein Team wie wir hält allem stand,
jetzt sag ich's Dir ganz feierlich:
„Ein solcher Freund bist Du für mich."

© Norbert van Tiggelen

Freundschaft bedeutet

Freundschaft bedeutet
reden und schweigen,
sich zu verbünden,
Gefühle zu zeigen.

Freundschaft bedeutet
weinen und lachen,
sich auch mal streiten
und Feuer entfachen.

Freundschaft bedeutet
nehmen und geben
sich respektieren
fallen und schweben.

Freundschaft bedeutet
lieben und leiden,
die Seele des andren
mit Gunst zu bekleiden.

©Norbert van Tiggelen

Für dich

Ich kenne einen Menschen,
ich mag ihn wirklich sehr;
er fährt kein schweres Auto
und ist kein Millionär.

Er hat das ganz Bestimmte:
Humor und Heiterkeit -
und was ich an ihm schätze,
ist seine Ehrlichkeit.

Er bringt mich oft zum Lächeln;
in dieser grauen Welt
er mir mit seinen Worten
so manchen Tag erhellt.

Er braucht von mir kein Geld
und hört auch gern mal zu,
bin froh, dass ich ihn habe -
denn dieser Mensch bist Du!

©Norbert van Tiggelen

Vielen Dank

Vielen Dank für Deine Hilfe,
oft warst Du mein Halteseil.
Gabst mir manchen lieben Dämpfer
und nen Tritt ins Hinterteil.

Danke, dass Du an mich glaubtest,
als ich ganz tief unten war.
Konnte mich auf Dich verlassen -
Du bist einfach wunderbar!

Hast mir oft den Kopf gewaschen,
mich geschubst zu meinem Ziel.
Ohne Dich hätt' ich verloren,
Dir verdanke ich sehr viel.

Ehrlich warst Du zweifelsohne,
und dazu 'ne gute Bank.
Darum sag ich Dir jetzt herzlich:
Hab für all das vielen Dank!

©Norbert van Tiggelen

All das bist Du für mich

Du bist das Salz in meiner Suppe,
der hellste Stern am Firmament,
die Hand, die meine wäscht,
das Wesen, das mich kennt.

Du bist das Gold der Morgenstund',
der Stein in meinem Brett,
die Hoffnung, die nicht stirbt,
das Biest in meinem Bett.

Du bist das beste Pferd im Stall,
der Phönix aus der Asche,
die Butter auf dem Brot,
das Moos in meiner Tasche.

Du bist das Wagnis, das gewinnt,
der Weg zu meinem Ziel,
die Spinne spät am Abend,
das As in meinem Spiel.

Du bist das gute, dritte Ding,
der Freund, der niemals wich,
das Gute, was von oben kommt,
all das bist Du für mich.

© Norbert van Tiggelen

Ferne Freundschaft

Ich bin stolz, dass ich Dich habe,
auch wenn wir uns selten sehen.
Die Entfernung stört bei Gott nicht,
Du kannst mich auch so verstehen.

Unsre Freundschaft, die ist anders,
sie beruht auf dem Verstand.
Du bist jemand, den ich brauche,
hältst mir oft im Traum die Hand.

Ganz alleine schon zu wissen,
dass ich Dir am Herzen lieg',
stimmt mich froh an vielen Tagen,
ist für mich der größte Sieg.

Wenn wir uns auch mal nicht hören,
werd' ich nicht gleich frierend sein,
denn die Wärme Deiner Briefe
ist für mich der Sonnenschein.

©Norbert van Tiggelen

Ohne Dich

Du bist der Wind in meinen Flügeln,
der Engel, der mich sanft berührt,
ohne Dich, da würd' ich stürzen,
bist der, der mich behutsam führt.

Du bist der Glanz in meinen Augen,
der Blick, der über mich stets wacht,
ohne Dich wär's ständig dunkel,
Du schenkst mir Licht in tiefer Nacht.

Du bist der Wortschatz meiner Stimme,
die Seele, der ich blind vertrau,
ohne Dich herrscht stilles Schweigen,
bist der, mit dem ich Brücken bau.

Du bist für mich der Funken Hoffnung,
das Feuer, das mich lodern lässt,
ohne Dich würd' ich erfrieren,
mein kalter Tau und warmes Nest.

©Norbert van Tiggelen

Ein Engel auf Erden

Wenn ich Deine Hilfe brauche,
stehst Du sofort hinter mir;
konnte mich noch nie beklagen,
sehe einen Schatz in Dir.

Deine Worte waren ehrlich,
brachten niemals mir Gefahr;
warst für mich so wie ein Engel,
und das stetig, Jahr für Jahr.

Teiltest mit mir manche Sorgen,
bist für mich ein toller Freund,
lässt mir immer Luft zum Atmen,
werd' von Dir nicht eingezäunt.

Manchmal mache ich mir Sorgen,
wie ich zeig Dir meinen Dank,
darum sollst Du jetzt auch wissen:
Bist für mich die größte Bank.

©Norbert van Tiggelen

Für die Zukunft

Für die Zukunft wünsch ich Dir
Mut und Stolz als Elixier,
Kraft, um etwas zu bewegen,
Sonnenschein statt Sturm und Regen.

Licht und Liebe jeden Tag,
dass ein jeder Mensch Dich mag.
Weisheit, um was zu entscheiden,
Vorwärtskommen ohne Leiden.

Freunde, die stets ehrlich sind,
jederzeit nur Rückenwind.
Keine Neider, die dumm quatschen,
Fans, die Deinen Weg beklatschen,

Selbstvertrauen, um zu führen,
Lobgesänge, die Dich küren.
Und zum Schluss, ganz ohne Hohn:
Schwimm nicht immer mit dem Strom!

©Norbert van Tiggelen

Ich wünsch' mir
(Die Liebes- Version)

Ich wünsch' mir Deine Nähe,
Deinen Arm, der mich umhüllt,
keinen kalten Alltagsstress,
der mich mit Sorgen füllt.

Ich wünsch mir Dein Vertrauen,
einen Platz auf dem Podest,
kein monotones Schweigen,
kein ungewärmtes Nest.

Ich wünsch' mir Deine Küsse,
will diese sanft verschlingen,
keine kalten Lippen,
die mich zum Weinen bringen.

Ich wünsch' mir Deine Stimme,
die zärtlich zu mir spricht,
der ich blind vertrauen kann,
das Wort, das niemals bricht.

©Norbert van Tiggelen

„Hab dich ganz lieb"

Hast mich geboren,
Glückstränen verloren,
nährtest mich täglich,
Strafen erträglich.

Wuschst meine Sachen,
mit Dir konnt' ich lachen,
nahmst mich stets in Schutz,
machtest Frühjahrsputz.

Die Uhr beigebracht,
Kompresse bei Nacht,
Deine warme Hand
stets zu mir stand.

Die Haare jetzt grau,
eine alternde Frau,
ich zu selten schrieb,
„Hab Dich ganz lieb".

© Norbert van Tiggelen

Seelenclown

Du weichst mir nicht von meiner Seite,
gehst treu mit mir durch Sturm und Wind;
bist Freund, Gefährte und Beschützer -
manchmal auch verspieltes Kind.

Dein Blick, er lässt mich stets erweichen,
kann Dir nicht einmal böse sein.
Auf Dich setz ich zur Not mein Leben -
stellst meinem Herzen nie ein Bein.

Deine Schnauze kalt wie Raureif,
der Charakter warm und gut;
liebst mich, ohne was zu fordern,
kämpfst für mich mit ganzem Mut.

Du, mein treuer Weggenosse,
Dir kann ich auch blind vertrau'n;
bist für mich mein größtes Herzstück -
Kamerad und Seelenclown.

©Norbert van Tiggelen

Freundschaftskündigung

Wenn der Teufel Gott begehrt,
Geld für uns hat keinen Wert,
der Löwe ängstlich Beistand sucht
und der Engel lauthals flucht...

Wenn die Sonne nachts auch scheint,
Wasser sich mit Öl vereint.
Feuersbrünste eiskalt sind,
glücklich ist ein jedes Kind...

Wenn die Schüler nicht mehr fragen,
Katzen keine Mäuse jagen,
der Vater Staat das Volk belohnt,
sich der Herrgott selbst entthront...

Wenn kein Samen je mehr keimt,
dieses Verslein sich nicht reimt,
Menschheit ist im Herzen rein...
...dann hör ich auf, Dein Freund zu sein!

©Norbert van Tiggelen

Ohne Dich wär' alles arm

Ohne Dich wär' alles arm,
wie ein Cowboy ohne Farm,
wie ein Körper ohne Knochen
oder Herzen, die nicht pochen.

Wie ein Sportler ohne Kraft,
wie ein Apfel ohne Saft,
wie ein Kraftwerk ohne Strom
und Italien ohne Rom.

Wie ein Füller ohne Tinte,
wie ein Gangster ohne Flinte,
wie ein Bleistift ohne Kohle
und Sylvester ohne Bowle.

Wie 'ne Mutter ohne Kind,
wie ein Drachen ohne Wind,
wie 'ne Braut ganz ohne Schleier
oder Ostern ohne Eier.

Wie ein Fernseher ohne Bild,
eine Straße ohne Schild,
ganz genauso jämmerlich
wäre alles ohne Dich.

©Norbert van Tiggelen

„Ich kauf mir einen Freund"

Mein Gott, wenn es doch möglich wär,
dann kauft' ich mir einen Freund,
einen, der stets ehrlich ist,
und mich nicht fies wegräumt.

Einen, dem ich trauen kann
in schweren Lebenslagen,
den das Geld nicht interessiert,
treu ist an allen Tagen.

Einen, dem ich sagen kann,
was mich so bedrückt,
der nicht wie viele andre
mich dann hält für verrückt.

Einen, der mit mir gern teilt,
wie ich mein letztes Hemd,
anstatt 'nen Egoisten,
der stets an sich nur denkt.

Wenn ich so überlege,
dann fällt mir plötzlich ein,
hab gar nicht soviel Knete,
drum lass ich es gleich sein.

Gott sei Dank hab ich ja Dich
und bin nicht ganz allein,
mein Freund, Du bist der Größte,
ich schenk Dir diesen Reim.

© Norbert van Tiggelen

Liebe bedeutet

Liebe bedeutet
reden und schweigen,
sich zu verbünden,
Gefühle zu zeigen.

Liebe bedeutet
weinen und lachen,
sich auch mal streiten
und Feuer entfachen.

Liebe bedeutet
nehmen und geben
sich respektieren
fallen und schweben.

Liebe bedeutet
lieben und leiden,
die Seele des andren
mit Gunst zu bekleiden.

©Norbert van Tiggelen

Mein Engelchen

Mein Engelchen, nun wird es Zeit,
bist Du für ein Gedicht bereit?
Ich muss Dir dringend etwas schreiben,
wirst Dir gleich die Augen reiben.

Mein Engelchen, Du tust mir gut,
denn Dir vertrau ich absolut,
ohne Dich wär vieles leer,
Deine Nähe, mag ich sehr.

Mein Engelchen, verzeihe mir,
ich sag es nicht sehr oft zu Dir,
auf Dich konnt' ich mich stets verlassen,
hast mich niemals im Stich gelassen.

Mein Engelchen, ich hab Dich gern,
Du bist für mich der größte Stern,
drum sage ich Dir klipp und klar:
Dass es Dich gibt, ist wunderbar!

©Norbert van Tiggelen

Mit dir

Mit Dir geh ich zum Teufel,
wenn man Dich verbannt;
Du bist für mich ein treuer Freund,
hab Dich niemals verkannt.

Mit Dir erklimm ich Berge,
sind sie auch noch so steil,
Hand in Hand mit ganzem Mut,
zur Not auch ohne Seil.

Mit Dir geh ich durch Wüsten,
egal, wie groß sie sind.
Wir werden uns vertrauen,
kein Sandsturm macht uns blind.

Mit Dir streich ich den Himmel
in tausend tollen Farben,
denn die ganze Welt soll seh'n,
dass wir einander haben.

© Norbert van Tiggelen

Reinrassig

Wenn tief in Deiner Seele
ein weiser Wortschwall spricht,
dann ist es offenkundig:
Ein Lügner bist Du nicht.

Wenn tief in Deinem Herzen
ein helles Lichtlein brennt,
dann sei Dir völlig sicher,
dass man Dich gütig nennt.

Wenn tief in Deinen Augen
ein klarer Blick hält Wacht,
dann bin ich mir gewiss:
Auf Freunde gibst Du Acht.

Drum mach Dir keine Sorgen,
Du bist ein Mensch mit Klasse,
einer, den es selten gibt -
'ne ganz besondre Rasse.

©Norbert van Tiggelen

Liebesbrief

Einen Liebesbrief zu schreiben,
das fiel mir schon immer schwer;
wusste nie den richt'gen Anfang,
auch das Ende quält mich sehr.

Ich will Dir nicht das versprechen,
was ich niemals halten könnt'.
Dafür bist Du mir zu wertvoll -
Ehrlichkeit sei Dir vergönnt!

Sterne kann ich Dir nicht holen
von dem fernen Himmelszelt,
oder mit dem Sturme kämpfen,
ich bin doch kein Märchenheld.

Mit Dir Richtung Sonne fliegen,
das wär' doch wohl lächerlich.
Darum schreib ich Dir jetzt einfach:
„Du, mein Schatz - ich liebe Dich."

©Norbert van Tiggelen

Liebe ist...

Liebe ist, sich zu vertrauen,
sorglos auf den andren bauen,
geben, nehmen und auch teilen,
Seelenschmerz durch Reden heilen.

Höhen, Tiefen zu durchqueren,
achten, lieben und verehren,
seinen Partner zu verschlingen,
weinen, lachen, schweigen, singen.

Trotz Entfernung sich zu spüren,
sich nicht hinters Licht zu führen,
schlechte Zeiten zu durchstehen,
Hand in Hand durchs Feuer gehen.

Körpernähe bis zum Beben,
in den siebten Himmel schweben,
über Wolken dann zu gleiten
und sich auch mal richtig streiten.

Ohne seinen Partner leiden,
Eskapaden zu vermeiden.
Träumerei bei Kerzenschein
und auch eifersüchtig sein.

©Norbert van Tiggelen

Ohne Dich wär' alles doof

Ohne Dich wär' alles doof,
wie ein leerer Hinterhof,
wie 'ne Suppe ohne Salz
oder Hirne ohne Schmalz.

Wie 'ne Küche ohne Töpfe,
wie 'ne Jacke ohne Knöpfe,
wie ein Auto ohne Reifen
oder Schlüpfer ohne Streifen.

Wie ein Mord, bloß ohne Leiche,
wie Ostfriesland ohne Deiche,
wie 'ne Mühle ohne Flügel
oder Frauen ohne Hügel.

Wie ein Flitzer, bloß mit Mantel,
wie ein Kraftprotz ohne Hantel,
wie ein Friedhof ohne Gruft
oder Bälle ohne Luft.

Wie ein Schreiner ohne Finger,
wie ein Schachbrett ohne Springer.
Wie 'ne Zeichnung ohne Strich
wäre alles ohne Dich!

©Norbert van Tiggelen

Danke sagen

Im Leben traf ich Menschen,
die meinten's nicht nur gut;
oft waren sie gehässig
und neidisch bis aufs Blut.

Bei Dir, da ist das anders,
Du bist ein echter Freund,
einer, dem ich trauen kann,
der mich nicht fies wegräumt.

Du hilfst mir bei Problemen,
hörst meinen Sorgen zu,
Menschen, die mir wehtun,
die sind für Dich tabu.

Mit Dir, da kann ich lachen,
darf auch mal ehrlich sein,
Du meinst es immer gut mit mir,
stellst niemals mir ein Bein.

Für diese warme Freundschaft,
die mir gibt Behagen,
wollte ich von Herzen
ganz einfach danke sagen.

© Norbert van Tiggelen

Für alles „danke"

Du hast mich einst im Bauch getragen,
sicherlich mit großen Plagen
lag ich unter Deinem Herzen,
bereitete Dir große Schmerzen.

Du hast mich einst zur Welt gebracht,
nach vieler Qual vor Freud gelacht,
nahmst mich sanft auf Deinen Arm,
gabst mir Liebe, warst so warm.

Du hast mich einst zur Schul' gebracht,
unzählige Stullen mir gemacht;
war ich mal zuweilen krank,
pflegtest mich dann nächtelang.

Du hast mich einst die Uhr gelehrt,
zu einer Zeit, die weit entfernt,
hast mir die Hosen oft geflickt,
löstest Probleme mit Geschick.

Du hast mir einst mein Geld bemessen,
werd ich Dir niemals vergessen!
Wärst Du heut für mich nicht da,
käme ich nur ganz schlecht klar.

Nach all den vielen, vielen Jahren
will ich Dir heut' ehrlich sagen:
Du warst für mich 'ne große Schranke,
ich hab Dich lieb - für alles "danke"!

© Norbert van Tiggelen

Dear ...

Wenn ich nachts gen Himmel schau,
spüre ich den Schein genau,
den Du mir von oben schickst
und damit mein Herz anklickst.

Wenn ich nachts spazieren gehe,
spüre ich oft Deine Nähe;
sie ist genau wie früher warm,
an Liebe reich, an Kälte arm.

Wenn ich nachts ganz leise weine,
ich Dein Bild in mir vereine,
schenkst Du mir ein Lächeln zart,
das mir Hoffnung offenbart.

Wenn ich nachts von früher träume,
öffnen sich verlass'ne Räume.
Mein Herz wird schwer, ich sorge mich -
mein Sternchen, ich vermisse Dich!

© Norbert van Tiggelen

Ein letzter Gruß

Mein Freund, nun bist Du fort,
ich sage jetzt good-bye.
Die Zeit mit Dir war wunderschön,
Du bist jetzt vogelfrei.

Ich möchte, dass Du eines weißt,
ich sag es mit Gewissen:
Für die Zeit, die mir noch bleibt,
da werd ich Dich vermissen.

Ruhe jetzt für immer,
Du hast es Dir verdient!
Eines Tages komm auch ich,
wenn ich hier ausgedient.

© Norbert van Tiggelen

Nachwort

Liebe Leser,

und - konnte ich Sie an einigen Stellen dieses Buches berühren? Ich hoffe, ja, und wenn es der Fall war, dürfen Sie diese Gedichte gerne Ihren Herzallerliebsten weitergeben - egal, ob in einem Poesiealbum, einem Brief, auf einer Postkarte, in einer Email oder auch in einem Gästebucheintrag irgendwo im Internet. Wichtig ist, dass WIR zusammen diesen Menschen eine kleine Freude machen.

Der Autor Norbert van Tiggelen

Impressum

Titel-Idee:
Kerstin Kasem & Ilona Krüger

Cover-Foto:
Andrea Ahrens, Issum

Lektorat:
Heidi Friedrich, Lampertheim

Gedichte/Texte:
© Norbert van Tiggelen,
Wanne–Eickel (Herne 2)